Regine Stroner

Geschenke aus der Sommerküche

KOSMOS

Inhalt

Packen Sie den Sommer ein!

Knackiges Gemüse, saftige Früchte und duftende Kräuter: Der Sommer wartet mit einem reichhaltigen Angebot auf. Packen Sie diese erntefrische Fülle – ob aus dem eigenen Garten oder vom Wochenmarkt – doch einfach auf Vorrat ins Glas. Die altbewährte Methode des Einmachens, die früher notwendig war, um für den Winter vorzusorgen, liegt heute wieder voll im Trend, denn: Selbst gemacht schmeckt's einfach am besten! Mit Kräutern, Gewürzen und Aromen kreativ kombiniert, bereichern die süßen und pikanten Küchenschätze nicht nur den eigenen Vorratsschrank, sondern sind auch ganz besondere Geschenke, mit denen man bei Einladungen jeden Gastgeber erfreuen und beeindrucken kann.

Unter meinen Rezeptvorschlägen in diesem Buch finden Sie sicher für jeden Anlass, ob Grillparty, Sommerfest oder Einladung zum Kaffee, das richtige Mitbringsel, das oft auch eine willkommene Ergänzung für das Buffet ist. Neben eingelegten und eingekochten Köstlichkeiten gibt es natürlich auch andere kleine Gaumenfreuden, wie zum Beispiel Rosenplätzchen, Lavendeltrüffel, Minz-Limonade und vieles mehr. Damit Ihr kulinarisches Geschenk auch optisch überzeugt und gut ankommt, finden Sie Tipps für originelle Verpackungen und für den sicheren Transport.

In diesem Sinne – genießen Sie den Sommer!
Ihre Regine Stroner

Einlegen & Einkochen

Gläser vorbereiten

Zum Einlegen oder Einkochen ist Glas die beste Wahl und für Geschenke besonders gut geeignet, da sich der Inhalt gleich schön präsentiert. Glas kann immer wieder verwendet werden, deshalb ist es sinnvoll, einen kleinen Vorrat an Honig- oder Konfitüregläsern, Milch- und Ketchupflaschen anzulegen. Wichtig vor der Verwendung: Gläser immer heiß ausspülen, am besten auskochen. Bei größeren Mengen lohnt sich auch ein Spülgang in der Maschine. Zum Abtrocknen die Gläser kopfüber auf ein sauberes Küchentuch stellen.

Richtig einfüllen

Verwenden Sie zum Abfüllen immer einen Trichter, für Senf oder Saucen eignet sich ein spezieller Marmeladentrichter. Damit bleibt der Glasrand sauber und die Verschlüsse sitzen hinterher wirklich dicht.

Obst oder Gemüse immer möglichst kompakt einschichten, am besten leicht hineindrücken. Und da das alles mit den Händen geschieht, sollte man sie zuvor gut waschen!

Füllhöhe beachten

Obst, eingelegte Gemüse oder Saucen, die hinterher noch eingekocht werden sollen, immer nur bis gut einen Fingerbreit unter den Rand einfüllen. Sonst kann der Inhalt, der beim Einkochen hochsprudelt, das dichte Abschließen verhindern. Was nur für kurze Zeit im Kühlschrank aufbewahrt wird, kann bis knapp unter den Rand eingefüllt werden und sollte immer gut mit Flüssigkeit bedeckt sein.

Haltbar durch Einkochen

Einen Topf mit einer dicken Lage Zeitungspapier auslegen, um die Gläser vor zu heißem Bodenkontakt zu schützen. Die verschlossenen Gläser hineinstellen, mit Wasser auffüllen (noch heißes Füllgut mit heißem, kalt abgefüllte Gläser mit kaltem Wasser). Deckel auflegen und das Wasser zum Kochen bringen. Dann je nach Rezeptangabe entsprechend lange einkochen.

Anschließend die Gläser aus dem Topf heben und am besten auf ein Küchentuch stellen. Nie direkt auf Metall oder eine andere kalte Fläche, da der Temperaturunterschied das Glas platzen lassen könnte. Abkühlen lassen, anschließend prüfen, ob die Deckel fest schließen. Falls sich ein Glas ganz leicht öffnen lässt, den Inhalt am besten gleich verbrauchen. Denn es lohnt sich nicht, ein einzelnes Glas noch mal einzukochen.

9

Verpacken & transportieren

Individuell verpacken

Abgefüllt in eine dekorative Flasche oder eingelegt in schöne Gläser, sind Obst und Gemüse ohnehin schon recht chic in Schale. Und da braucht es meist nicht viel mehr als ein farblich passendes Band und vielleicht ein originelles selbst gebasteltes Etikett, um als ganz persönliches kulinarisches Mitbringsel einsatzbereit zu sein.

Verpackungsmaterial

In jedem Haushalt fällt Verpackungsmaterial an, das man prima noch mal verwenden kann: der kleine Spankorb vom Markteinkauf, die geflochtene Teeschachtel aus dem Naturkostladen, eine schöne Pralinenschachtel oder Papiertüte. Und auch aus einem Stoffrest oder einem Küchentuch wird ganz schnell und einfach eine passende Hülle für die selbst gemachten Köstlichkeiten.

Geschirr als Verpackung

Für manche kulinarischen Geschenke, z. B. eine Pastete oder Terrine, bietet es sich an, ein passendes Gefäß zu kaufen und dann gleich mit zu verschenken. Hat man keinen Deckel, lässt sich mit Frischhaltefolie alles luftdicht verschließen. Vorsicht bei Alufolie: Manche Lebensmittel reagieren bei Kontakt mit unschönen Flecken.

Bingen Sie bei einer Einladung zum Sommerfest das Dessert mal nicht in einer großen Schale, sondern schon portionsweise in preiswerte kleine Saftgläser abgefüllt mit: Das freut den Gastgeber, weil er kein zusätzliches Geschirr braucht, und außerdem sieht selbst eine schlichte Creme so präsentiert ganz besonders dekorativ aus.

Sicher transportieren

Schalen, Schüsseln etc. stellt man zum Transport in Klappkisten oder Kartons und stopft die Zwischenräume mit Papier, Tüchern oder luftgefüllter Verpackungsfolie aus. Kleine Gläser sind in Kunststoff-Tabletts, die man in Gärtnereien zum Transportieren von Blumentöpfen verwendet, gut aufgehoben. Vielleicht kommen Sie ja, z. B. bei Ihrem Metzger oder Feinkosthändler, an eine Styroporkiste mit Deckel. Sie ist vor allem im Sommer, mit ein paar gefrorenen Kühlelementen oder auch Plastikflaschen, in denen man Wasser eingefroren hat, auch eine wunderbare Kühlbox.

Picknick-Ideen für Genießer

Gefüllte Tomaten

ca. 8 Portionen | Zubereitungszeit: 50 Minuten | Ruhezeit: 30 Minuten

8 große reife Fleischtomaten, 100 g Bulgur, 2 Schalotten,
1 Bund Blattpetersilie, 1 kleine Handvoll Minzeblätter, 150 g Fenchel
oder Bleichsellerie, 150 g Schafskäse, 1 EL Pinien- oder
Sonnenblumenkerne, 3–4 EL Olivenöl, 1 Schuss Essig, Salz,
Pfeffer aus der Mühle

Die Tomaten waschen und einen Deckel abschneiden. Die Kerne herausdrücken, in ein Sieb geben, den Saft dabei auffangen. Früchte vorsichtig
aushöhlen, das gewonnene Fruchtfleisch hacken und zum Saft geben.
Den Grieß in den Saft einstreuen, 30 Minuten quellen lassen. Eventuell
noch etwas Wasser angießen.

Schalotten, Petersilie, Minze, Gemüse, Schafskäse, Pinien- oder Sonnenblumenkerne fein hacken. Alles unter den gequollenen Grieß mischen.
Mit Öl, Essig, Salz und Pfeffer kräftig abschmecken. Die Tomaten damit
füllen und den Deckel wieder aufsetzen. In eine Auflaufform geben und
mit Frischhaltefolie verschließen. Im Kühlschrank 4–5 Tage haltbar.

Basilikumcreme

3 große Bund Basilikumblätter mit 2 Knoblauchzehen
im Mixer zerkleinern. Abgeriebene Schale von ½ Zitrone,
50 g Semmelbrösel und ⅛ l Olivenöl zufügen. Zu einer
Creme mixen, mit Salz und Pfeffer kräftig abschmecken und
in Gläser füllen (ca. 2 Gläser à 200 ml). Die Oberfläche nach
jedem Gebrauch wieder mit Öl bedecken. Im Kühlschrank
10–14 Tage haltbar.

Die Basilikumcreme schmeckt
auch gut zu kaltem Fleisch
oder zu Buletten, zu frischem Baguette
oder geröstetem Brot.
Ein kleiner Löffel davon verfeinert
jede Tomatensuppe.

Pilze in Sherry-Essig

2 Gläser à ca. 600 ml | Zubereitungszeit: 40 Minuten

750 g möglichst kleine Champignons oder Pfifferlinge,
2 Knoblauchzehen, ¼ l Öl, 4–5 Zweige frischer Thymian
(am besten Zitronenthymian) oder 2 EL getrockneter Thymian,
80 ml Sherry-Essig, Salz, Zucker, Pfeffer aus der Mühle,
etwas abgeriebene Zitronenschale

Die Pilze putzen, mit Küchenpapier abreiben. Möglichst nicht waschen, da sie sich sonst zu sehr mit Wasser vollsaugen. Den Knoblauch schälen. 3–4 EL Öl in einer großen Pfanne erhitzen. Zuerst den Knoblauch darin kräftig anbraten, die Pilze zufügen und bei großer Hitze rundum ebenfalls kräftig anbraten. Unterschiedlich große Pilze portionsweise nach Größe anbraten, damit sie gleichmäßig gar werden.

Thymianzweige in kleine Stücke zerteilt zufügen oder den getrockneten Thymian einstreuen. Mit Essig ablöschen und mit Salz, Zucker, Pfeffer und Zitronenschale würzen. Kräftig weiterschmoren, bis alle Flüssigkeit verdampft ist und die Pilze gar sind. Den Knoblauch herausfischen und entfernen. Die Pilze nochmals kräftig abschmecken.

Die Pilze in heiß ausgespülte Gläser schichten und mit dem restlichen Öl aufgießen. Kühl aufbewahrt sind sie 8–10 Tage haltbar.

Wer Pilze mag, freut sich, wenn er zusätzlich noch ein Pilzmesser (kleines Messer mit Bürste) oder eine kleine weiche Bürste zum Pilzeputzen geschenkt bekommt.

Kräutermuffins

12 Stück | Zubereitungszeit: 30 Minuten | Backzeit: ca. 30 Minuten

2 Schalotten, 2 Knoblauchzehen, 2 EL Öl, 1 Bund fein gehackte Petersilie, 3 EL fein gehackte gemischte Kräuter (z. B. Rosmarin, Thymian, Oregano und Majoran), 120 g weiche Butter oder Margarine, 3 Eier, 300 g Mehl, 2 gestr. TL Backpulver, 250 g Joghurt, Salz, Zucker, Pfeffer aus der Mühle, abgeriebene Zitronenschale

Schalotten und Knoblauch schälen und sehr fein hacken. Im heißen Öl weich dünsten, mit den Kräutern vermischen und abkühlen lassen.

Das Fett schaumig rühren, Eier zufügen und kurz mitschlagen. Mehl, Backpulver und Salz vermischen, mit Joghurt unter die Eiercreme rühren. Den Teig mit Salz, Zucker, Pfeffer und Zitronenschale kräftig abschmecken.

Ein Muffinblech mit Papierförmchen auskleiden und den Teig auf die Förmchen verteilen. Wenn Sie kein Muffinblech haben, jeweils 2 Papierförmchen ineinandergestellt auf ein Backblech setzen, das gibt etwas Stabilität. Im vorgeheizten Backofen bei 180 °C 25–30 Minuten backen. Abkühlen lassen, anschließend die Muffins in eine Dose oder Schachtel verpacken. Kühl aufbewahrt sind sie 2–3 Tage haltbar.

Knoblauchbutter

Passt gut zu den Kräutermuffins: 150 g weiche Butter mit 5 geschälten und durchgepressten Knoblauchzehen gut vermischen. Mit Salz, weißem Pfeffer aus der Mühle, 1 Prise Cayennepfeffer und etwas Zitronensaft abschmecken.

Zum Verschenken die Muffins und die Butterrolle in einen kleinen Korb legen und eventuell mit einem schönen Küchentuch verpacken.

Eingelegter Ziegenkäse

2 Gläser à ca. 500 ml | Zubereitungszeit: 20 Minuten

500 g Ziegenfrischkäse (Rolle oder kleine runde Laibchen),
½ Pfefferschote (frisch oder getrocknet), einige Pimentkörner,
1 TL rosa Pfefferbeeren oder Szechuanpfeffer, einige kleinere
Rosmarinzweige, etwas grobes Meersalz, Schale von ½ unbehandelten Zitrone, 350–400 ml Öl (Oliven- oder Sonnenblumenöl)

Den Ziegenkäse je nach Größe ganz lassen oder in fingerdicke Scheiben schneiden. Die Pfefferschote von den Kernen befreien und in feine Ringe schneiden. Piment und Pfefferbeeren im Mörser grob zerstoßen.

Die Gläser mit kochendem Wasser ausspülen, kopfüber gestellt kurz abtropfen lassen. Den Käse abwechselnd mit den Gewürzen, Salz und der dünn abgeschälten Zitronenschale in die Gläser schichten. Mit Öl auf-gießen, sodass alles vollständig bedeckt ist. Die Gläser gut verschließen.

Den Käse mindestens 2 Tage im Kühlschrank durchziehen lassen. Kühl aufbewahrt hält er sich 6–8 Tage. Mindestens 1 Stunde vor dem Verzehr aus dem Kühlschrank nehmen, damit sich das Aroma richtig entfalten kann!

Nach diesem Rezept lässt sich auch ein Fetakäse aus Schaf- oder Kuhmilch einlegen.

Mit einigen Stängeln blühendem Lavendel statt Rosmarin sieht dieses kulinarische Geschenk nicht nur besonders schön aus – es schmeckt auch ganz außergewöhnlich!

Pfirsich-Apfel-Chutney

6 Gläser à 350 ml | Zubereitungszeit: 1 Stunde

1 kg Pfirsiche, 400 g säuerliche Äpfel (z. B. Boskop oder Rubinette),
250 g Schalotten, 2 Knoblauchzehen, ½ l Weinessig, 250 g brauner
Zucker, 1 TL Gewürznelken, 1 TL Kardamomsaat, 1 Zimtstange,
2–3 Pimentkörner, Salz, grober Pfeffer aus der Mühle

Die Pfirsiche mit kochendem Wasser überbrühen, kalt abschrecken und die
Haut abziehen. Die Früchte halbieren, die Kerne entfernen und das Frucht-
fleisch in 1 cm große Würfel schneiden. Die Äpfel schälen, vierteln und das
Kerngehäuse entfernen. Das Fruchtfleisch fein würfeln.

Schalotten und Knoblauch schälen und sehr fein hacken. Beides mit den
Apfelwürfeln und ein wenig Essig in einen großen Topf geben und bei
milder Hitze weich dünsten. Den restlichen Essig und den Zucker dazugeben. Die Pfirsichstücke unterrühren.

Die Gewürze im Mixer oder Mörser grob zerkleinern, ebenfalls in den Topf
geben. Das Chutney unter Rühren 12–15 Minuten köcheln lassen, bis die
Pfirsichstücke weich sind. Mit Salz und Pfeffer kräftig abschmecken. In
heiß ausgespülte Gläser füllen, verschließen und abkühlen lassen.

Kühl und dunkel aufbewahrt hält sich das Chutney mehrere Wochen.
Es schmeckt gut zu Käse und Fleisch.

Wer dieses Chutney probiert,
wird sicher nach dem Rezept fragen!
Schenken Sie es deshalb –
vielleicht aufgerollt und an das
Glas gebunden – gleich mit dazu.

Milchreis mit Waldbeeren

8 Gläser à 200 ml | Zubereitungszeit: 50 Minuten

½ unbehandelte Zitrone, 1 l Milch, 1 Päckchen Vanillezucker,
1 Prise gemahlener Zimt, 1 Prise Salz, 200 g Milchreis, ca. 75 g
brauner Zucker, 750 g gemischte Beeren (je nach Angebot
Erdbeeren, Himbeeren, Brombeeren, Johannisbeeren),
¼ l schwarzer Johannisbeersaft, 100 g Gelierzucker 3:1

Die Zitronenschale fein abreiben, den Saft auspressen. Die Milch mit
Vanillezucker, Zimt, Salz und Zitronenschale in einem Topf zum Kochen
bringen. Den Reis einstreuen, bei ganz milder Hitze in ca. 30 Minuten
garen. Dabei immer wieder umrühren, damit nichts am Topfboden ansetzt.
Mit Zucker abschmecken. In die Gläser füllen und abkühlen lassen.

Die Beeren nach Bedarf waschen, von den Rispen zupfen und Blattstiele
entfernen. In einem Topf den Saft mit Gelierzucker und Zitronensaft
aufkochen, die Beeren einrühren, erhitzen und 2–3 Minuten sprudelnd
kochen lassen. In die Gläser mit dem Milchreis füllen und abkühlen lassen.
Die Gläser gut verschließen und kühl aufbewahren. Im Kühlschrank
5–6 Tage haltbar.

In kleine Einmachgläser
portionsweise abgefüllt,
ist der Milchreis ein ideales
Dessert für ein Picknick.

Waldbeerensauce

Die Beeren kann man auch als Sauce zubereiten und
getrennt zum Milchreis servieren. Dafür die aufgekochten
Waldbeeren kurz mit dem Pürierstab durchmixen,
nochmals mit Zucker abschmecken und in heiß ausgespülte
Flaschen mit breitem Hals, z. B. eine Milchflasche, abfüllen.
Die Sauce schmeckt auch zu Cremes, Quark oder Eis.

Feigen in Portwein

4 Gläser à 250 ml | Zubereitungszeit: 40 Minuten

16 reife blaue Feigen, ¼ l Portwein, ¼ l schwarzer
Johannisbeersaft, 6 Nelken, 8 Pimentkörner, Schale von ½ unbehandelten Zitrone, 200 g Zucker

Die Feigen mit einem Küchentuch abreiben, den Stielansatz abschneiden
und die Früchte an dieser Stelle kreuzweise leicht einritzen, damit sie
gleichmäßiger garen. In einem großen flachen Topf Portwein, Saft, Gewürze, Zitronenschale und Zucker aufkochen.

Die Feigen hineinsetzen, Deckel auflegen und die Früchte je nach Reife
10–12 Minuten garen. Herausnehmen und in die heiß ausgespülten,
möglichst breiten Gläser setzen. Den Sud nochmals 15 Minuten köcheln
lassen, bis er leicht sirupartig wird, dann mit den Gewürzen auf die Gläser
verteilen. Verschließen und abkühlen lassen. Kühl aufbewahrt halten
sich die Feigen 8–10 Tage.

Die Feigen schmecken sehr gut zu Vanilleeis oder einer Mascarponecreme.
Dafür 250 g Mascarpone mit 100 g Crème fraîche, etwas abgeriebener
Zitronenschale und 2–3 EL Zucker verrühren.

Wenn Sie keinen Alkohol verwenden
möchten, ersetzen Sie die angegebene
Menge einfach durch Johannisbeersaft.

Pochierte Weinbergpfirsiche

2 Gläser à 500 ml | Zubereitungszeit: 40 Minuten

1,25 kg Weinbergpfirsiche oder kleine weiße Pfirsiche,
1 Vanilleschote, ½ l Wasser, 500 g Zucker

Die Pfirsiche in kochendes Wasser geben, einmal aufwallen lassen, mit einem Schaumlöffel herausheben und sofort kalt abschrecken. Die Haut abziehen und die Früchte in die heiß ausgespülten Gläser schichten.

Die Vanilleschote längs aufschlitzen, dann quer halbieren und das Mark herausschaben. Wasser und Zucker mit den beiden Schotenstücken und dem Vanillemark erhitzen, 2–3 Minuten sprudelnd kochen lassen. Etwas abgekühlt über die Pfirsiche gießen, dabei in jedes Glas ein Stück Vanille geben.

Die Gläser verschließen und abkühlen lassen. Im Kühlschrank kann man die Früchte so bis zu 2 Wochen aufbewahren. Mehrere Monate haltbar werden sie, wenn man die Gläser 30 Minuten sterilisiert (siehe Seite 8 f.).

Lassen Sie beim Einmachen den Kern in den Früchten, denn vor allem bei Weinbergpfirsichen lässt er sich oft sehr schlecht herauslösen. Außerdem gibt er den Früchten durch seine Bittermandelstoffe ein besonderes Aroma.

Pochierte Aprikosen

Auch Aprikosen lassen sich so konservieren, allerdings macht das Häuten der Früchte mehr Mühe. Die Aprikosen halbieren und die Kerne entfernen, da das Verhältnis Kerne zu Fruchtfleisch größer ist als bei Pfirsichen. Pro Glas sollte man nur 2–3 Kerne mit einlegen. Statt Vanille kann man auch 1 EL grünen Pfeffer und 3 in Stücke geschnittene Stängel Zitronengras zufügen.

Eistee-Essenz

ca. 2 l Eistee | Zubereitungszeit: 20 Minuten | Kühlzeit: 12 Stunden

3 gehäufte EL oder 6 Teebeutel Earl-Grey-Tee, Zucker,
½ unbehandelte Zitrone, ¼ l Orangensaft (am besten frisch
gepresst), evtl. einige Blättchen frische Minze oder Zitronenmelisse

Den Tee mit ½ l kochendem Wasser übergießen und 3 Minuten ziehen
lassen. Abgießen, nach Geschmack Zucker zugeben und abkühlen lassen.
Nochmals mit Zucker abschmecken, dabei bedenken, dass die Essenz
später mit Wasser verdünnt wird!

Die Schale der Zitrone abreiben, den Saft auspressen. Beides zusammen
mit dem Orangensaft zum kalten Tee geben. Die Mischung in eine für
Lebensmittel geeignete Plastikflasche füllen und über Nacht gut durchkühlen lassen. Die Tee-Essenz mit eiskaltem Wasser aufgießen.

Nimmt man die Essenz mit zum Picknick und hat dort kein eiskaltes
Wasser zur Verfügung, am Vortag 2 gebrauchte Plastik-Wasserflaschen
nicht ganz voll mit Wasser füllen und im Gefrierfach gefrieren lassen.
Die Tee-Essenz in der Plastikflasche in einer Kühltasche oder in eine
Thermoskanne umgefüllt zusammen mit den gefrorenen Wasserflaschen
mitnehmen. Vor Ort dann die kalte Teemischung mit dem inzwischen
aufgetauten, aber noch kalten Wasser auffüllen und eventuell die Kräuter-
blättchen zufügen.

Die Essenz schmeckt auch
mit Mineralwasser sehr gut oder
mit Mineralwasser und Sekt
oder Prosecco zu gleichen
Teilen gemischt.

Minz-Limonade

ca. 1,5 l Limonade | Zubereitungszeit: 30 Minuten

1 Bund frische Minze, ½ l Wasser, 75 g Zucker,
1 unbehandelte Zitrone, ca. 1,2 l Mineralwasser

Die Minze waschen und gut trocken schütteln. Das Wasser aufkochen, die Minze hineingeben und den Zucker zufügen. Den Topf abdecken, 10 Minuten ziehen lassen. Durch ein Sieb abgießen, damit die Blätter zurückbleiben. Den Aufguss abkühlen lassen.

Von der Zitrone die Schale mit einem Sparschäler dünn abschälen. Die Schalenstücke auf 2 Flaschen verteilen, den Minzesud und eventuell ein paar frische Minzeblätter dazugeben und mit Mineralwasser auffüllen. Die Flaschen fest verschließen und gut durchkühlen lassen. Die Limonade hält sich kalt gestellt 10–14 Tage.

So wird aus den Limonaden eine Bowle für Sommerabende: 1 Teil Limonade, 1 Teil Sekt oder Prosecco (alles gut gekühlt) in ein Gefäß gießen, mit Zitronenscheiben und einer Handvoll frischer Minze- oder Zitronenmelisse- blätter aromatisieren.

Zitronen-Limonade

Für eine erfrischende Zitronenlimonade 2 unbehandelte Zitronen dünn abschälen. ½ l Wasser mit der Zitronen- schale, dem ausgepressten Saft von 3 Zitronen und mit 75 g Zucker ca. 10 Minuten sprudelnd kochen. Abkühlen lassen und nochmals mit Zucker abschmecken. Nach Belie- ben mit Mineralwasser verdünnen und in Flaschen abfüllen. Kühl stellen.

Für alle
Grill-Gourmets

Kräuter-Grillmarinade

Zubereitungszeit: 15 Minuten | Ruhezeit: 2–3 Stunden

einige Zweige Zitronenthymian, 1 Zweig Rosmarin,
1 kleine Handvoll Salbeiblätter, 1 EL grob gestoßener
Pfeffer, abgeriebene Schale von ½ unbehandelten Orange,
1 EL grobes Salz, 1 gute Prise Zucker, ⅛ l Olivenöl

Thymianblättchen und Rosmarinnadeln abzupfen, zusammen mit den Salbeiblättern fein hacken. Mit den übrigen Zutaten gründlich vermischen und abschmecken.

Zitronengras-Marinade und Ingwer-Marinade

Für die Zitronengras-Marinade 2 Stängel Zitronengras in feine Ringe schneiden, mit ½ Bund frischem fein gehacktem Koriander, 1 EL Sesamkörnern, ⅛ l Sonnenblumenkern- oder Rapsöl und 3–4 EL dunklem Sesamöl (aus geröstetem Sesam) vermischen. Mit Salz, Zucker und Pfeffer aus der Mühle kräftig abschmecken.

Für die Ingwer-Marinade 75 g frischen Ingwer und 1 frische Chilischote fein hacken. In 2 EL Öl kräftig anbraten und mit 3 EL Sherry ablöschen. 3 EL Honig und 6 EL Sojasauce zufügen, aufkochen lassen. Vom Herd nehmen, 4 EL Öl unterrühren, mit Salz, Zucker und grob gestoßenem Pfeffer kräftig abschmecken.

Alle Marinaden sollten 2–3 Stunden durchziehen. Gut verschlossen sind sie im Kühlschrank mehrere Tage haltbar. Fleisch, Gemüse oder Fisch vor dem Grillen mit der Marinade bestreichen oder darin ziehen lassen.

Zum Verschenken die Marinaden in Steinguttöpfchen oder Schraubgläser füllen. Mit einer Grillzange, Grillhandschuhen oder Schaschlikspießchen verschenken.

Scharfes Grillöl

2 Fl. à 500 ml | Zubereitungszeit: 20 Minuten | Ruhezeit: mehrere Stunden

2 frische oder 4 getrocknete Chilischoten, 1 EL schwarze Pfefferkörner, 4 Pimentkörner, 1 EL Korianderkörner, 2 Kardamom-
kapseln, 1 TL grobes Meersalz, abgeriebene Schale von ½ unbehandelten Zitrone, 1 l Öl (Sonnenblumen-, Maiskeim- oder Rapsöl)

Die Chilischoten waschen, Stielansätze entfernen, die Schoten in Stücke
schneiden. Zusammen mit allen anderen Gewürzen im Mixer oder Mörser
grob zerkleinern. Oder alle Gewürze auf ein Küchenbrett häufen und mit
einigen Tropfen Öl beträufeln. Einen schweren Topf darauf setzen, durch
Drücken die Gewürze grob zerstoßen. Durch das Öl kleben sie ein wenig
zusammen und können nicht so leicht vom Brett rollen.

Eine Pfanne erhitzen, die Gewürze darin unter Wenden kräftig anrösten.
Die Gewürze in einen hohen Becher füllen und das Öl darüber gießen.
Mindestens 2–3 Stunden, am besten über Nacht, durchziehen lassen.

Das Öl durch einen Filter gießen und in heiß ausgespülte Flaschen abfüllen. Das Grillöl ist dunkel und kühl aufbewahrt mehrere Wochen haltbar.

Für eine mildere Variante die Chilischoten im Ganzen in die Ölflaschen
legen und nicht zerkleinert mit den Gewürzen rösten.

Die Gewürze, die beim Filtern
übrig bleiben, kann man im Mixer
zu einer feinen Paste mixen,
die sich gut zum Würzen von Saucen
oder Fleisch verwenden lässt.

Chilischoten-Salsa

6–8 Portionen | Zubereitungszeit: 20 Minuten

6 frische rote Chilischoten (ca. 20 g), 6 Knoblauchzehen,
je ½ TL Kreuzkümmel und schwarze Pfefferkörner, 1 TL grobes
Meersalz, 1 kleine Handvoll frische Oreganoblätter
oder 1 TL getrocknetes Oregano, 2 EL Weinessig,
⅛ l Olivenöl, 1 Prise Zucker

Die Chilischoten waschen, die Stielansätze entfernen. Je nach Schärfe der Schoten und der gewünschten Schärfe der fertigen Sauce die Schoten längs halbieren und die Kerne entfernen. Die Kerne in einem Schälchen beiseite-stellen, damit man sie bei Bedarf später noch zur Sauce geben kann. Die Schoten in feine Streifen schneiden. Die Hände danach gründlich waschen!

Den Knoblauch schälen. Mit den anderen Gewürzen im Mixer fein zerklei-nern oder in einem Mörser zerstoßen. Essig und Olivenöl untermixen, die Chilischoten unterrühren. Die Schärfe prüfen und eventuell noch einige Kerne unter die Sauce mixen. Mit Salz und Zucker abschmecken.

Die Sauce in ein Glas abfüllen und kühl aufbewahren. Gut verschlossen ist sie 6–8 Tage haltbar.

Die Salsa passt besonders gut zu gegrillten Kartoffeln. Feiner und sämiger wird die scharfe Sauce, wenn man die Hälfte der Schoten zusammen mit den Gewürzen püriert und den Rest streifig geschnitten untermischt.

Die Salsa in ein dekoratives Schraubglas füllen und eventuell mit einem Porzellan-schälchen und dem passenden Porzellanlöffel verschenken.

Kräutersenf

Zubereitungszeit: 20 Minuten | Ruhezeit: ca. 1 Woche

200 g Senfkörner, 1 TL Korianderkörner, 2 EL grobes Meersalz,
2 Schalotten, 5 EL Honig, 200 ml Wasser, 150 ml Weißweinessig,
1 Bund gemischte Kräuter (z. B. Estragon, Pimpinelle, Dill, Petersilie),
Meersalz und Zucker zum Abschmecken

Senfkörner, Koriander und Salz im Mixer oder elektrischen Zerhacker möglichst fein zerkleinern. Die Schalotten schälen und fein hacken. Gründlich untermixen.

In einem kleinen Topf Honig, Wasser und Essig erhitzen, rühren, bis sich alles gut verbunden hat. Langsam zur Senfmischung geben, dabei immer wieder durchmixen, bis eine gleichmäßige Paste entsteht. Eventuell bleibt etwas von der Essig-Honig-Mischung übrig, da der Senf sonst zu flüssig wird (die Reste für eine pikante Salatsauce verwenden).

Die Kräuter waschen, trocken schütteln, fein hacken und unter den Senf rühren. Kalt stellen. Die Schärfe entwickelt sich erst mit der Zeit, deshalb den abgekühlten Senf nochmals mit Salz und Zucker abschmecken. In heiß ausgespülte Gläser füllen, fest verschließen und ca. 1 Woche im Kühlschrank durchziehen lassen. Mehrere Wochen haltbar.

Gewürzsenf

Für einen kräftigen Gewürzsenf lässt man die frischen Kräuter weg und mixt stattdessen mit den Senfkörnern zusammen 1 TL Pimentkörner, ½ TL gemahlene Nelken und 1 gute Prise Zimt unter.

In ein Steingutgefäß abgefüllt und mit einem Horn- oder Porzellanlöffel ergänzt, wird aus dem Senf ein ideales Geschenk für Grillwürstchen-Fans.

Zwetschgen-Relish

3 Gläser à 200 ml | Zubereitungszeit: 40 Minuten

750 g reife Zwetschgen, 4 Pimentkörner, 2 Sternanis,
1 EL Pfefferkörner, 250 g brauner Krümel-Kandis, 60 ml Essig,
2 TL Senfpulver, Salz, Pfeffer aus der Mühle, Zucker

Die Zwetschgen waschen, halbieren und entkernen. Jede Frucht vierteln.
Die Gewürze in ein Tee-Ei füllen oder in ein Mullsäckchen einbinden.
Kandiszucker, Essig und Senfpulver in einen Topf füllen, die Gewürze
hineinlegen und alles zum Kochen bringen.

Die Zwetschgen zufügen, gut unterrühren und die Masse 10–15 Minuten
sprudelnd kochen lassen. Tee-Ei oder Mullsäckchen herausfischen.
Das Relish mit Salz, Pfeffer und Zucker abschmecken. In heiß ausgespülte
Gläser füllen und gut verschließen. Die Gläser auf den Kopf stellen und
abkühlen lassen. Kühl und lichtgeschützt aufbewahrt ist das Relish einige
Wochen haltbar.

Das Zwetschgen-Relish in
einem Steinguttöpfchen oder
einem schönen Schraubglas
verschenken. Es schmeckt
besonders gut zu gegrillten
Steaks oder Roastbeef.

Aprikosen-Relish und Pfirsich-Relish

Auch aus Aprikosen, Pfirsichen, Nektarinen, gelben oder
dunklen Renekloden lässt sich ein Relish zubereiten.
Je nach Reife der Früchte die Kandiszuckermenge etwas
reduzieren und eventuell mit ein wenig Zitronensaft würzen.
Bei hellen Früchten lieber weißen Kandiszucker verwenden.
Zusätzliche Würze und Schärfe bekommt das Relish durch
3 EL fein gehackten frischen Ingwer, der mitgekocht wird.

Gegrillte Paprikaschoten

2 Gläser à 500 ml | Zubereitungszeit: 1 Stunde

1,5 kg rote und gelbe Paprika gemischt, 6 Knoblauchzehen,
ca. 6 EL Öl (Oliven- oder Sonnenblumenöl), 4 kleine Zweige
frischer Thymian, Salz, grober Pfeffer aus der Mühle

Die Paprika waschen und auf einem Blech ausbreiten. In den vorgeheizten Backofen schieben und bei 200 °C so lange grillen, bis die Haut Blasen wirft und leicht gebräunt ist. Das dauert ca. 30 Minuten.

Herausnehmen, die Schoten mit einem nassen Tuch abdecken und etwas abkühlen lassen. In der Zwischenzeit die Knoblauchzehen schälen, längs halbieren und in 2 EL Öl goldgelb anbraten. Thymian ebenfalls kurz anbraten.

Die Paprikaschoten über einem Sieb halbieren, die Haut abziehen. Den Stielansatz, dicke Rippen und Kerne entfernen. Schoten in breite Streifen schneiden. Den austretenden Saft in einer Schüssel unter dem Sieb auffangen.

Die Paprikastücke in heiß ausgespülte Gläser schichten, dabei die einzelnen Lagen mit Salz und Pfeffer würzen, Thymian und Knoblauch dazwischenlegen. Mit dem aufgefangenen Paprikasaft und dem restlichen Öl auffüllen. Kühl aufbewahrt sind die eingelegten Schoten ca. 1 Woche haltbar.

Würzige Variante:
Die Paprikaschoten ohne Knoblauch,
aber mit 2 EL Kapern und frischem
Rosmarin statt Thymian einlegen.

Schwarze Tapenade

2 Gläser à 200 ml | Zubereitungszeit: 25 Minuten

250 g schwarze Oliven, 40 g in Öl eingelegte Sardellenfilets,
40 g Pinienkerne, 1 EL Tomatenmark, 100–125 ml Olivenöl,
Salz, Pfeffer aus der Mühle, etwas abgeriebene Schale
von einer unbehandelten Zitrone

Die Oliven entkernen, die Sardellenfilets unter kaltem Wasser abspülen und abtropfen lassen. Die Filets grob zerkleinern. Anschließend mit den Oliven und den Pinienkernen, Tomatenmark und ⅔ des Öls im Mixer oder elektrischen Zerhacker ganz fein pürieren.

Die Olivencreme mit Salz, frisch gemahlenem Pfeffer und Zitronenschale abschmecken. In Gläser füllen und die Oberfläche mit dem restlichen Öl bedecken. Im Kühlschrank aufbewahrt ist die Tapenade 2–3 Wochen haltbar. Nach Gebrauch immer wieder mit Olivenöl bedecken, damit die Oberfläche luftdicht abgeschlossen ist.

Die Olivencreme schmeckt zu gegrilltem Fleisch und auch als Aufstrich zu geröstetem Brot.

Füllen Sie die Tapenade in kleine Einmachgläser mit Schraubdeckel oder Metallklammernverschluss und schenken Sie einen kleinen flachen Löffel aus Horn oder Porzellan dazu.

Grüne Tapenade

Auch aus grünen Oliven lässt sich die Creme zubereiten. Sie wird allerdings nicht so pastös, da grüne Oliven ein sehr viel festeres Fruchtfleisch haben. Zusätzlich 50 g fein gemahlene geschälte Mandeln untermixen (mildert den sehr intensiven Olivengeschmack) und den Ölanteil eventuell etwas erhöhen.

Eingelegtes Antipasti-Gemüse

2 Gläser à 500 ml | Zubereitungszeit: 50 Minuten

600 g Auberginen, 600 g Zucchini, 250–300 ml Olivenöl, grobes
Meersalz, grob zerstoßene schwarze Pfefferkörner, 5–6 getrocknete
Tomaten, einige Zweige frischer Thymian, 1 TL Rosmarinnadeln

Auberginen und Zucchini putzen und waschen. In knapp fingerdicke
Scheiben schneiden, größere Scheiben eventuell halbieren, damit sie
problemlos ins Glas geschichtet werden können.

Die Gemüsescheiben portionsweise in 2–3 EL Öl gar braten. Zum Abkühlen
auf eine Platte legen, mit Salz und Pfeffer bestreuen.

Die Tomaten in Streifen schneiden, abwechselnd mit den Gemüsescheiben,
Thymian und Rosmarin in die heiß ausgespülten Gläser schichten. Mit
einem Löffel fest andrücken, dann erst mit dem restlichen Öl aufgießen,
sodass alles bedeckt ist. Die Gläser fest verschließen. Kühl aufbewahrt
hält sich das Antipasti-Gemüse 5–6 Tage.

Wählen Sie möglichst breite,
flache Gläser, damit die Gemüsescheiben
genügend Platz finden. Eine kleine
Auflaufform aus Porzellan, die man mit
Frischhaltefolie abdecken kann,
eignet sich auch.

Eingelegte Weintrauben

2 Gläser à 300 ml | Zubereitungszeit: 30 Minuten

600 g möglichst kleine kernlose Weintrauben, 1 unbehandelte Limette, 1 frische Chilischote, 100 g Honig, 65 ml Weißwein-essig, 1 EL frische Rosmarinnadeln

Die Weintrauben waschen, abzupfen und auf einem Küchentuch zum Trocknen ausbreiten. Die Limette mit dem Sparschäler abschälen, die Schale in Streifen schneiden. Die Chilischote längs aufschlitzen, die Kerne je nach gewünschter Schärfe eventuell entfernen, das Fruchtfleisch in möglichst feine Streifen schneiden.

In einem Topf Honig und Weinessig mit Limettenschale, Chilischote und Rosmarin aufkochen. Die Trauben einstreuen und einmal kräftig aufwallen lassen. Sofort in heiß ausgespülte Gläser füllen, verschließen und abkühlen lassen. Die eingelegten Weintrauben halten sich im Kühlschrank 8–10 Tage.

Eine schmackhafte Variante: Eine Handvoll Rosinen oder Sultaninen mit den frischen Trauben zusammen aufkochen lassen, das verleiht der Mischung eine angenehme Süße.

Besonders gut schmecken die Trauben zu einem kräftigen Käse. Deshalb am besten gleich ein Stück Blauschimmelkäse (Roquefort, Gorgonzola, Stilton) oder gereiften Bergkäse mit verschenken.

Zitronenmelisse-Bowle

ca. 1,7 l Bowle | Zubereitungszeit: 20 Minuten | Ruhezeit: ca. 12 Stunden

1 Bund Zitronenmelisse oder 3 EL getrocknete Melissen-
blätter, Zucker nach Belieben, 1 unbehandelte Zitrone,
1 Flasche Sekt oder Prosecco

Die Melisse mit ca. 1 l kochendem Wasser übergießen und 8–10 Minuten ziehen lassen. Abgießen und nach Belieben süßen. Den Aufguss abkühlen lassen, dann im Kühlschrank über Nacht kalt stellen.

Die Zitrone halbieren, jeweils in dünne Scheiben schneiden. Mit dem eiskalten Melissentee in eine Thermoskanne füllen. Kurz vor dem Servieren in ein Bowlegefäß gießen und mit dem gut gekühlten Sekt oder mit Prosecco auffüllen.

Holunderblüten-Bowle

Im Mai und Juni können Sie die Bowle auch zusätzlich mit frischen Holunderblüten servieren. Dann nur ½ Zitrone verwenden und vor dem Aufgießen 2 Handvoll frische Holunderblüten ins Bowlegefäß geben. Zum Ernten die Blüten immer ganz behutsam abschneiden, nicht abzupfen! Denn sonst löst sich der Blütenstaub und fällt aus den Dolden. Aber gerade er ist der Träger des unvergleichlichen Aromas.

Den Sekt oder Prosecco in eine Kühlmanschette geben und zusammen mit dem Melissentee (in eine schöne Flasche oder eine Thermoskanne abgefüllt) verschenken.

Mitbringsel für Sommerfeste

Gebeizter Lachs

8 Portionen | Zubereitungszeit: 30 Minuten | Zeit zum Beizen: ca. 24 Stunden

1 EL schwarze Pfefferkörner, 1 EL rote Pfefferbeeren,
2 EL grobes Meersalz, 2 Bund frischer Dill, nach Belieben
1 EL fein gehackter frischer Ingwer, 1 Schalotte,
1 kg frisches Lachsfilet am Stück

Pfefferkörner, rote Beeren und Salz im Mörser grob zerstoßen. Den Dill waschen, trocken schütteln und fein hacken, mit den zerstoßenen Gewürzen und eventuell Ingwer gut vermischen. Die Schalotte schälen und in feine Ringe schneiden.

Die Hälfte der Gewürzmischung auf einem großen Stück Frischhaltefolie ausbreiten. Den Lachs auflegen und mit der restlichen Mischung bestreuen. Die Zwiebelringe darauflegen. Fest in Frischhaltefolie verpacken und über Nacht im Kühlschrank durchziehen lassen. Zum Servieren in fingerdicke Scheiben schneiden. Der Lachs hält sich im Kühlschrank 4–5 Tage.

Senf-Dill-Sauce

Dafür 4 EL Weißweinessig mit 3 EL Honig aufkochen. Etwas auskühlen lassen, dann 3 EL mittelscharfen Senf unterrühren. Langsam 6 EL Sonnenblumen- oder Maiskeimöl dazufließen lassen, mit einem Schneebesen kräftig unterschlagen oder mit dem Pürierstab untermixen, sodass eine feine Emulsion entsteht. 1 Bund fein gehackten Dill unterrühren und kräftig mit Salz und Pfeffer aus der Mühle abschmecken. Die Sauce ist im Kühlschrank 4–5 Wochen haltbar.

Sie können den Lachs auch gleich in einer passenden Porzellanform beizen, die Sie dann mitverschenken. Mit Frischhaltefolie luftdicht verschließen. Keine Alufolie verwenden, sie kann bei Berührung kleine hässliche Flecken auf dem Fischfilet hinterlassen!

Geflügellebercreme

2 Formen à 500 ml | Zubereitungszeit: 40 Minuten | Kühlzeit: 3–4 Stunden

500 g Puten- oder Hühnerleber, 200 g kalte Butter,
Salz, Pfeffer aus der Mühle, frisch geriebene Muskatnuss,
ca. 30 ml Cognac oder Weinbrand, 2 kleine Zweige
Thymian oder Rosmarin

Die Leber putzen, mit Küchenpapier trocken tupfen. In einer großen Pfanne 2 EL der Butter erhitzen. Die Leberstücke darin in 4–5 Minuten rundum kräftig anbraten. Salzen, pfeffern und mit Muskat würzen. Mit 20 ml Cognac ablöschen. Braten, bis fast alle Flüssigkeit verdampft und die Leber gar ist, anschließend abkühlen lassen.

Die Geflügelleberstücke grob zerteilen, im elektrischen Zerhacker oder Mixer fein zerkleinern. Die ausgetretene Flüssigkeit aus der Pfanne zufügen, untermixen, dann die Butter in kleinen Stücken nach und nach zufügen und immer nur sekundenweise durchmixen, damit die Farce nicht zu warm wird. Mit Salz, Pfeffer und eventuell noch einigen Tropfen Cognac kräftig abschmecken.

Die Creme in abgekühlte, zuvor heiß ausgespülte kleine Pastetenförmchen oder Gläser mit breiter Öffnung füllen und glatt streichen. Mit einem Kräuterzweig verzieren, verschließen und kühl aufbewahren. Im Kühlschrank ist die Creme 6–8 Tage haltbar.

Pastetenformen gibt es in vielen Größen. Auch Soufflé-förmchen oder andere kleine Schälchen sind geeignet. Die Oberfläche mit Butterbrot-papier abdecken, damit die Creme sich nicht dunkel verfärbt. Mit frischem Stangenweißbrot verschenken.

Cumberlandsauce

Cumberlandsauce

2 Flaschen à ca. 500 ml | Zubereitungszeit: 40 Minuten

500 g Rote Johannisbeeren, 150 g Gelierzucker 2:1,
4 unbehandelte Orangen, 1 EL Senfkörner, 1 TL weiße Pfefferkörner,
2 Pimentkörner, 60 ml Portwein, Salz, Cayennepfeffer,
evtl. etwas Zitronensaft

Die Johannisbeeren waschen und von den Rispen zupfen. Die Beeren mit dem Gelierzucker bestreuen und kurz durchziehen lassen. In der Zwischenzeit die Orangen waschen, 2 davon mit dem Sparschäler dünn abschälen und die Schale in feine Streifen schneiden. Alle Orangen auspressen.

Orangensaft, streifig geschnittene Schale, Gewürze und den Portwein mit den Johannisbeeren in einen Topf geben. Erhitzen und 10 Minuten sprudelnd kochen lassen. Die Sauce eventuell mit dem Pürierstab ganz kurz durchmixen. Nochmals aufkochen lassen, mit Salz und Cayennepfeffer kräftig würzen und mit etwas Zitronensaft abschmecken.

Die Sauce in heiß ausgespülte Flaschen füllen, verschließen und abkühlen lassen. Im Kühlschrank aufbewahrt ist die Cumberlandsauce 2–3 Wochen haltbar. Sie passt sehr gut zu Fleisch, Wild, zu Pasteten und Terrinen.

Die Sauce in Flaschen mit einem breiten Hals füllen. Mit einer Sauciere oder einem kleinen Saucenlöffel wird daraus ein schönes Mitbringsel.

Schinkenterrine

für 1 Kastenform (26 cm lang) | Zubereitungszeit: 120 Minuten | Ruhezeit: 1 Stunde

je 300 g Kalb- und Schweinefleisch, 200 g frischer fetter Speck,
400 g Kassler, frisch geriebene Muskatnuss, je ¼ TL gemahlene
Muskatblüte und Nelken, eine gute Prise gemahlener Piment, Salz,
Pfeffer aus der Mühle, 40 ml Weinbrand, 2 Eier, 300 g Crème fraîche,
100 g fein gewürfelte Karotten, 50 g grob gehackte Pistazien,
etwas abgeriebene Zitronenschale, 1 kleiner Zweig Salbei

Kalb-, Schweinfleisch, Speck und die Hälfte des Kasslers grob würfeln.
Mit den Gewürzen und dem Weinbrand in einer Schüssel gut vermischen.
Zugedeckt im Kühlschrank 1 Stunde durchziehen lassen. Das übrige Kassler
fein würfeln.

Die marinierten Fleischwürfel gut gekühlt durch die feine Scheibe des
Fleischwolfs drehen oder portionsweise im elektrischen Zerhacker fein
zerkleinern. Mit Eiern und Crème fraîche sorgfältig vermischen. Karotten,
Kasslerwürfel und Pistazien untermischen, mit Salz, Pfeffer und etwas
Zitronenschale kräftig abschmecken.

Eine Kastenform mit Frischhaltefolie auslegen. Die Farce einfüllen, Form
mehrmals fest auf die Arbeitsfläche klopfen, damit sich der Teig gut verteilt.
Salbei obenauf legen, die Folie fest darüberschlagen. Mit Alufolie abdecken.

Die Schinkenterrine im Wasserbad im vorgeheizten Backofen bei 160 °C
70–80 Minuten garen. Abkühlen lassen, am besten über Nacht, dann erst
aus der Form stürzen. Gut in Folie verpackt hält sich die Terrine im Kühlschrank 5–6 Tage.

Bereiten Sie die Terrine in einer
schönen Porzellan- oder Emaille-
form zu und verschenken Sie die
Form gleich mit dazu. Die Menge
kann auch in 2 kleineren Formen
gebacken werden.

Frischkäse-Trüffel

40 g getrocknete Tomaten, 400 g Frischkäse, 2 EL Sherry, 2 EL geriebener Parmesan oder alter Gouda, Paprikapulver (besonders gut passt spanisches geräuchertes Paprikapulver), Salz, Pfeffer aus der Mühle, gemahlene Pistazien, Haselnüsse oder Walnüsse, fein gehackte schwarze oder grüne Oliven, getrocknete Tomaten oder auch grob zerstoßene essbare Blütenblätter zum Wälzen

Die Tomaten sehr fein hacken. Mit allen anderen Zutaten in eine Schüssel füllen und mit einer Gabel gut vermischen. Mit Salz und Pfeffer kräftig abschmecken.

Aus der Masse kleine, etwa kirschgroße Kugeln formen. Ganz nach Belieben in den verschiedenen gehackten oder gemahlenen Zutaten wälzen und kalt stellen. Die pikanten Trüffel halten sich im Kühlschrank 4–5 Tage.

Kräutertrüffel und Nusstrüffel

Gut schmecken die Trüffel auch, wenn man frische gehackte Kräuter unter die Frischkäsemasse mischt. Den geriebenen Käse weglassen, damit die Kräuter besser zur Geltung kommen.
Anstelle der Tomaten kann man auch geröstete Walnüsse, Haselnüsse oder Pinienkerne unter die Masse mischen.
Auch fein gehackte Oliven passen gut.

Die Frischkäse-Trüffel zum Verschenken in Papiermanschetten setzen und in einer schönen Schachtel verpacken.

Melonen-Chutney

2 Gläser à 250 ml | Zubereitungszeit: 60 Minuten

1 Honigmelone (ca. 600 g), 150 g Aprikosen oder Pfirsiche, 2 Knoblauchzehen, 50 g frischer Ingwer, 100 ml milder Weißwein- oder Apfelessig, 75 g weißer Kandiszucker, 1 TL Senfkörner, je ¼ TL Kardamomsaat und Kreuzkümmel, grober Pfeffer aus der Mühle, Cayennepfeffer, Salz

Die Melone halbieren, die Kerne entfernen. Das Fruchtfleisch von der Schale lösen und in daumennagelgroße Stücke schneiden. Die Aprikosen oder Pfirsiche waschen, halbieren und die Kerne entfernen. Fruchtfleisch in kleine Würfel schneiden. Knoblauch und Ingwer schälen und sehr fein hacken.

Den Essig mit dem Kandiszucker in einem Topf erhitzen. Aprikosen, Knoblauch und Ingwer darin bei milder Hitze weich dünsten. Senfkörner, Kardamom und Kreuzkümmel im Mörser oder Mixer grob zerkleinern und zufügen. Melonenstücke dazugeben. 30–35 Minuten leise köcheln lassen, dabei immer wieder umrühren.

Das Chutney mit Pfeffer, Cayennepfeffer und Salz kräftig abschmecken. In heiß ausgespülte Gläser füllen, verschließen und auf den Kopf gestellt abkühlen lassen. Hält sich im Kühlschrank mehrere Wochen.

Das Melonen-Chutney schmeckt sehr gut zu frischem Schafs- oder Ziegenkäse, Brie und Camembert, zu gegrilltem oder gekochtem Geflügel.

Verschenken Sie das Chutney mit einem Kugelausstecher (gibt es im Fachhandel). Damit lässt sich weiches Fruchtfleisch (z. B. von Melonen) für Desserts oder sommerliche Drinks schön ausstechen.

Kirschen mit Mandellikör

3 Gläser à 500 ml | Vorbereitungszeit: 40 Minuten | Kochzeit: 25 Minuten

1,5 kg reife Herzkirschen oder andere Süßkirschen, ¾ l Wasser,
250 g Zucker, 80 ml Mandellikör, 3 EL Mandelblättchen,
1 TL Rosmarinnadeln

Die Kirschen waschen und die Stiele entfernen. Die Kirschen mit einem Kirschentkerner entkernen oder, etwas mühsamer, mit einem kleinen spitzen Messer halbieren und die Kerne herauslösen. Das Fruchtfleisch wird dabei weniger verletzt und die Kirschenhälften sehen schöner aus.

Die Gläser mit kochend heißem Wasser ausspülen und über Kopf gestellt abtropfen lassen. Anschließend die Kirschen einschichten, dabei mit einem Löffel fest ins Glas drücken. In jedes Glas 5 Kirschkerne legen, das sorgt für ein intensiveres Aroma.

In einem Topf Wasser und Zucker erhitzen, kurz sprudelnd aufkochen lassen, dann den Likör, die Mandelblättchen und den Rosmarin einrühren. Den Sud über die Kirschen gießen, sodass diese vollständig bedeckt sind. Die Gläser verschließen und 30 Minuten einkochen (siehe Seite 8 f.).

Nach dem Abkühlen trocken und kühl aufbewahren. Verschlossen sind die Kirschen mehrere Monate haltbar. Angebrochene Gläser sollten rasch verbraucht werden.

Klassische konische Weckgläser mit Metallklammer-Verschluss sind ideal zum Verschenken. Sie sehen nicht nur schön aus, sondern können auch wiederverwendet werden.

Babas mit marinierten Früchten

Zubereitungszeit: 30 Minuten | Ruhezeit: 1 Stunde | Backzeit: ca. 40 Minuten

250 g Mehl, ½ Würfel frische Hefe oder 1 Tütchen Trockenhefe,
3 EL Zucker, 100 ml lauwarme Milch, 50 g zerlassene Butter,
abgeriebene Schale von ½ Zitrone, 3 Eier, 100 ml Wasser,
100 g Zucker, 60 ml Rum, Weinbrand oder Obstschnaps,
500 g geputzte Sommerfrüchte nach Marktangebot (Beeren,
Kirschen, Aprikosen, Pfirsiche), 1–2 EL Zitronensaft

Mehl in eine Schüssel füllen. In eine Vertiefung in der Mitte die Hefe bröckeln. Mit 1 EL Zucker und der Milch verrühren, bis sich die Hefe aufgelöst hat. Abgedeckt 20 Minuten gehen lassen.

Butter, Zitronenschale und Eier zufügen, alles mit den Knethaken des Handrührers oder in der Küchenmaschine so lange schlagen, bis sich der Teig vom Schüsselrand löst. Abdecken und nochmals 40 Minuten gehen lassen.

Kleine Förmchen ausfetten und mit Mehl ausstäuben. Teig in den Förmchen verteilen. Im vorgeheizten Backofen bei 180 °C 30–35 Minuten backen. Inzwischen in einem Topf Wasser und Zucker aufkochen, Rum unterrühren, nicht mehr kochen lassen. Die Babas aus der Form stürzen, auf eine Platte setzen und immer wieder mit dem Sirup beträufeln, bis sie sich richtig vollgesogen haben. Gut verpackt und kühl gestellt kann man sie 8–10 Tage aufbewahren.

Man kann die Babas auch in kleinen Gugelhupfförmchen backen oder saubere Obst- und Gemüsekonserven verwenden.

Die Babas mit den frischen Früchten servieren, die mit Zitronensaft und dem übrigen Sirup mariniert werden.

Zwetschgenkompott mit Rum

3 Gläser à 500 ml | Zubereitungszeit: 40 Minuten | Ruhezeit: ca. 24 Stunden

2,5 kg Zwetschgen, 600 g Zucker, ¼ l Rum, ½ l Wasser,
Schale von 1 unbehandelten Zitrone, 2 Zimtstangen, 5 Sternanis,
1 TL ganze Nelken

Die Zwetschgen waschen, halbieren und entkernen. In einer großen Schüssel mit dem Zucker überschütten, Rum und Wasser darübergießen. Zugedeckt über Nacht stehen lassen.

Am nächsten Tag in ein Sieb abgießen, die Flüssigkeit dabei in einer Schüssel auffangen. Die Zwetschgen in heiß ausgespülte Gläser schichten. Den Sud mit der abgeschälten Zitronenschale und den Gewürzen aufkochen. Durch ein Sieb über die Zwetschgen gießen, damit die Gewürze zurückbleiben. Die Früchte müssen vollständig von Flüssigkeit bedeckt sein.

Die Gläser verschließen und 30 Minuten sterilisieren (siehe Seite 8 f.). Die Zwetschgen werden durch das Einkochen gegart und das Rumaroma kann sich während der Lagerzeit gut entfalten. Haltbarkeit: mehrere Monate.

Kompott zum gleich Genießen

Wird das Kompott gleich verzehrt, kann man sich das Einkochen sparen. Das Wasser durch schwarzen Johannisbeersaft ersetzen und Zucker und Rum um die Hälfte reduzieren. Die Gewürze in ein Mulltuch binden oder in ein Tee-Ei füllen. Alles miteinander aufkochen, die Zwetschgen zufügen und einmal kurz aufwallen lassen. In Gläser füllen, verschließen und abkühlen lassen. Im Kühlschrank hält sich das Kompott mehrere Tage.

Pfirsichmark

2 Flaschen à 350 ml | Zubereitungszeit: 45 Minuten

1 kg sehr reife Pfirsiche, 1 unbehandelte Zitrone, 2 Pimentkörner,
1 Päckchen Vanillezucker, 75–100 g Zucker, nach Belieben ein Schuss
Mirabellen- oder Aprikosenschnaps

Die Pfirsiche waschen, halbieren und die Kerne entfernen. Fruchthälften in grobe Stücke schneiden. Die Zitrone mit dem Sparschäler dünn abschälen. Den Zitronensaft auspressen.

Die Pfirsichstücke, die Hälfte des Zitronensafts, Zitronenschale, Pimentkörner, Vanillezucker und die Hälfte des Zuckers in einen Topf füllen. Knapp ¼ l Wasser angießen. Alles aufkochen und bei ganz milder Hitze etwa 20 Minuten köcheln lassen, bis die Pfirsiche weich sind. In ein Sieb schütten und durchstreichen, sodass Schalenstücke und Gewürze zurückbleiben. Das Mark mit Zucker und Zitronensaft abschmecken, eventuell mit einem Schuss Mirabellen- oder Aprikosenschnaps parfümieren.

Das Mark in heiß ausgespülte Flaschen füllen und gut verschließen. Die abgekühlten Flaschen im Kühlschrank aufbewahren. Das Mark ist 10–12 Tage haltbar. Kocht man es zusätzlich 30 Minuten ein (siehe Seite 8 f.), ist es mehrere Monate haltbar. Angebrochene Flaschen sollten zügig aufgebraucht werden.

Das Pfirsichmark für einen erfrischenden Sommerdrink mit Milch, Buttermilch oder Joghurt und einigen Eiswürfeln aufmixen. Oder 2–3 EL Mark in ein Sektglas geben und mit eiskaltem Prosecco oder Sekt auffüllen.

Einladung
zum Kaffee

Rosenplätzchen

ca. 50 Plätzchen | Zubereitungszeit: 50 Minuten | Ruhezeit: 1 Stunde | Backzeit: 8–10 Minuten

250 g kalte Butter, 75 g Puderzucker, 2 EL Rosenzucker,
375 g Mehl, 1 Eigelb, 1 Prise Salz, Rosenzucker zum Bestäuben

Die Butter klein schneiden, mit Puderzucker, Rosenzucker, Mehl, Eigelb und Salz auf die Arbeitsfläche häufen, durchhacken und rasch zu einem festen Mürbteig verkneten. 1 Stunde kalt stellen.

Den Teig auf etwas Mehl 3–4 mm dick ausrollen. Beliebige Plätzchenformen ausstechen und auf ein mit Backpapier belegtes Blech legen. Im vorgeheizten Backofen bei 180 °C 8–10 Minuten backen. Die Plätzchen noch warm mit Rosenzucker bestäuben. Luftdicht in Dosen verpackt sind sie mehrere Wochen haltbar.

Rosenzucker

Für den Rosenzucker 2 Handvoll ungespritzte stark duftende Rosenblätter (vom Gärtner oder aus dem eigenen Garten) auf Küchenpapier ausbreiten und mehrere Tage trocknen lassen. Die Blätter müssen rascheln, wenn sie bewegt werden. Danach mit 200 g Zucker vermischen und portionsweise im Mixer oder elektrischen Zerhacker sehr fein mahlen. In festschließenden Dosen oder Gläsern aufbewahren.
Der Rosenzucker lässt sich zum Bestäuben von Gebäck, zum Parfümieren von Obstsalat oder geschlagener Sahne und zum Süßen von Tee verwenden.

Verschenken Sie den Rosenzucker oder die Rosenplätzchen mit einem üppigen Strauß Freilandrosen.

Lavendel-Trüffel

ca. 20 Stück | Zubereitungszeit: 30 Minuten | Kühlzeit: 3 Stunden

250 g Zartbitter-Schokolade, 100 ml Sahne,
2 EL frische Lavendelblüten, Kakao zum Wälzen

Die Schokolade in kleine Stücke hacken. Die Sahne zusammen mit den Lavendelblüten zum Kochen bringen. Aufwallen lassen, vom Herd nehmen und 10 Minuten ziehen lassen.

Die Sahne durch ein Sieb in eine Schüssel abgießen, die Blüten dabei mit einem Löffel ausdrücken. Die Schokolade in die warme Sahne geben und unter Rühren darin auflösen. Abkühlen lassen. Die Trüffelmasse zum Festwerden für ca. 3 Stunden in den Kühlschrank stellen.

Von der Masse mit einem Teelöffel kleine Stücke abstechen, zwischen den Handflächen rasch zu Kugeln rollen. In einen tiefen Teller mit Kakao legen, rütteln, damit sich die Kugeln mit dem Kakao überziehen.

Die Trüffel in eine fest schließende Dose verpacken und kühl aufbewahren. Sie sind 2–3 Wochen haltbar, allerdings verlieren sie nach einigen Tagen an Aroma. ½ Stunde vor dem Verzehr aus dem Kühlschrank nehmen, bei Zimmertemperatur schmecken die Trüffel am besten.

Die Schokoladentrüffel schmecken auch mit anderen Kräutern sehr gut – probieren Sie es statt mit Lavendelblüten mal mit 2 EL frischen Thymian- oder Salbeiblättchen oder Rosmarinnadeln.

Mandelkonfekt mit Schoko-Früchten

ca. 40 Stück | Zubereitungszeit: 40 Minuten

200 g Mandeln, 300 g Puderzucker, 50 g Himbeeren, 150 g dunkle Kuvertüre, ca. 40 Himbeeren, Erdbeeren, Weintrauben, Lampionfrüchte (ganz nach Geschmack und Marktangebot)

Die Mandeln in kochendes Wasser geben, einmal aufwallen lassen, in ein Sieb abgießen und mit eiskaltem Wasser abschrecken. Die Haut abziehen, die Kerne auf einem Küchentuch ausbreiten. Trocken rubbeln, anschließend in der Küchenmaschine sehr fein mahlen.

Die Mandeln in einer Schüssel mit Puderzucker vermischen. Portionsweise nochmals durchmixen, wieder in die Schüssel zurückfüllen. Die Himbeeren mit einer Gabel zerdrücken, durch ein kleines Sieb streichen, damit die Kerne zurückbleiben. Zur Mandelmischung geben. Mit den Händen rasch zu einer festen Masse verkneten. Daraus kirschgroße Kugeln formen und auf eine Platte setzen.

Die Kuvertüre fein hacken, im heißen Wasserbad schmelzen. Etwas abkühlen lassen. In der Zwischenzeit die Früchte verlesen, große Früchte evtl. in mundgerechte Stücke teilen.

Die Früchte in die lauwarme Kuvertüre tauchen, auf eine Mandelkugel setzen und leicht flachdrücken. Das Konfekt trocknen lassen, danach in Papiermanschetten verpacken. Im Kühlschrank 3–4 Tage haltbar.

Wenn Sie mal wenig Zeit haben: die Mandelmasse weglassen und nur die Schokofrüchte zubereiten und verschenken!

Fruchtwürfel

ca. 60 Stück | Zubereitungszeit: 30 Minuten | Kühlzeit: 2 Nächte

750 ml ungesüßter roter oder schwarzer Johannisbeersaft
(selbst gemacht oder aus dem Reformhaus), 150 g Gelierzucker 3:1,
3–4 Nelken, 1 Sternanis, 10 Blatt weiße oder
rote Gelatine, Zitronensaft

Johannisbeersaft mit Zucker in einem Topf verrühren. Die Gewürze zufügen und alles zum Kochen bringen. 4–5 Minuten sprudelnd kochen lassen. Durch ein Sieb gießen, damit die Gewürze zurückbleiben.

Die Gelatine in kaltem Wasser einweichen, gut ausdrücken und unter Rühren im heißen Saft auflösen. Mit Zitronensaft, je nach Süße des Saftes, abschmecken. Eine rechteckige Auflaufform oder Backform (ca. 25 x 15 cm) mit Frischhaltefolie auslegen. Die Saftmischung einfüllen und abkühlen lassen. Zum Festwerden über Nacht in den Kühlschrank stellen.

Am nächsten Tag auf eine Platte stürzen, die Folie abziehen. Nochmals über Nacht trocknen lassen. Danach in Würfel schneiden. Eine Dose mit Backpapier auslegen, damit die Fruchtwürfel nicht festkleben. Die Würfel einschichten und fest verschlossen kühl aufbewahren. Haltbarkeit: 2–3 Wochen.

Konfekt aus Fruchtmus

Auch aus Fruchtmus lassen sich Geleewürfel herstellen.
Dafür ca. 800 g frische Erdbeeren, Himbeeren oder Johannisbeeren mit 2–3 EL Zucker vermischen und sehr fein pürieren. Durch ein Sieb streichen. Dann wie oben beschrieben mit Gelierzucker und Gelatine weiterverarbeiten. Die Gewürze weglassen.

Die Fruchtwürfel zum Verschenken in schöne Folienbeutel verpacken oder ganz grafisch in eine rechteckige Schale setzen.

Kaffee-Cocktail-Essenz

ca. 250 ml | Zubereitungszeit: 20 Minuten

100 ml sehr starker frischer Espresso,
100 ml starker heißer Kaffee, 2 EL Zucker, 40 ml Rum

Den heißen Espresso und Kaffee vermischen, den Zucker darin unter Rühren auflösen. Etwas abkühlen lassen, dann erst den Rum unterrühren. Die Essenz in eine heiß ausgespülte Flasche füllen, verschließen und auskühlen lassen. Im Kühlschrank aufbewahrt hält sich die Kaffee-Essenz 2–3 Wochen.

Die Essenz lässt sich ganz nach Geschmack auch mit anderem Alkohol zubereiten, z. B. mit Cognac, Obstbrand oder Whisky. Eine ganz besondere Note bekommt sie durch einen Mandellikör. Bei dieser Variante dann den Zucker etwas reduzieren, da der Likör ja schon Süße mitbringt.

Kaffee-Cocktail

Und so wird der Kaffee-Cocktail dann serviert: Die Essenz auf 4 Gläser verteilen, mit gut gekühlter Milch (500–750 ml) auffüllen. Jeweils 1 EL geschlagene Sahne obenauf setzen und mit ganz wenig Zimt bestäuben. Sofort servieren.

Verschenken Sie ein Cocktail-Komplett-Paket mit der Kaffee-Essenz, einer Flasche Milch und einem Tütchen Zimtpulver.

Aprikosenkuchen

für 1 tiefes Blech (ca. 40 x 30 cm) | Zubereitungszeit: 25 Minuten | Backzeit: 40–45 Minuten

250 g zimmerwarme Butter oder Margarine, 200 g Zucker, 6 Eier,
40 ml Aprikosenlikör oder Milch, 250 g Mehl, 250 g gemahlene
Mandeln, 1 Päckchen Backpulver, 1 Prise Salz, 1,5 kg Aprikosen,
2–3 EL Aprikosenkonfitüre, 50 g Mandelblättchen

Die Butter oder Margarine mit den Schneebesen des Handrührers oder in der Küchenmaschine sehr schaumig rühren. Zucker abwechselnd mit den Eiern nach und nach dazugeben, die Flüssigkeit dazugießen und alles zu einer dicken Creme schlagen.

Mehl, Mandeln, Backpulver und Salz auf die Creme häufen und unterheben. Den Teig auf das gefettete oder mit Backpapier belegte Blech geben und glatt streichen. Im vorgeheizten Backofen bei 180 °C 10–12 Minuten backen.

In der Zwischenzeit die Aprikosen waschen, halbieren und die Kerne entfernen. Den vorgebackenen Teig dicht mit den Fruchthälften belegen. Den Kuchen wieder in den Ofen schieben und in 30–35 Minuten fertig backen.

Die Konfitüre kurz erwärmen und glatt rühren. Den Kuchen damit bestreichen und mit den Mandelblättchen bestreuen. Abkühlen lassen. Kalt gestellt und gut mit Frischhaltefolie abgedeckt hält sich der Kuchen 3–4 Tage.

Das Blech am besten gleich mitverschenken, über ein ausziehbares Blech freut sich jede Bäckerin!

Cupcakes mit Himbeeren

ca. 12 Törtchen | Zubereitungszeit: 45 Minuten | Backzeit: 30 Minuten

300 g Himbeeren, 175 g weiche Butter oder Margarine,
150 g Zucker, 2 Eier, 1 TL Backpulver, 1 Prise Salz, 200 g Mehl,
250 g Frischkäse, 100 g Puderzucker, abgeriebene Schale von
½ unbehandelten Zitrone, etwas Zitronensaft

Die Himbeeren verlesen, 12 schöne Beeren für die Dekoration beiseitestellen. Die restlichen Beeren im Mixer oder mit dem Pürierstab fein pürieren.

125 g Butter oder Margarine schaumig rühren. Zucker und Eier zufügen, alles zu einer hellen Creme schlagen. Backpulver, Salz, Mehl und 4 EL des Beerenpürees auf die Creme häufen, mit einem Teigspatel unterheben.

Ein Muffinblech mit Papierförmchen auskleiden oder jeweils 2 Förmchen ineinandergestellt auf das Backblech stellen. Den Teig in die Förmchen verteilen. Im vorgeheizten Backofen bei 180 °C ca. 30 Minuten backen.

Für die Creme den Frischkäse und die restliche Butter (beide sollen die gleiche Temperatur haben) sehr cremig rühren, nach und nach Puderzucker und restliches Beerenpüree unterrühren. Mit Zitronenschale und -saft abschmecken. Die Creme auf die Törtchen spritzen und mit Himbeeren verzieren.

Ohne Creme kann man die Cupcakes 4–5 Tage im Kühlschrank aufbewahren. Mit Creme verziert sollten sie innerhalb von 2 Tagen verzehrt werden.

Die Cupcakes schmecken auch mit Erdbeeren oder Heidelbeeren sehr gut!

Mini-Tartes mit Obst

12–14 Tartelettes (8 cm Ø) | Zubereitungszeit: 40 Minuten | Ruhezeit: 1 Stunde

250 g Mehl, 5 gehäufte EL Zucker, 1 Prise Salz, abgeriebene Schale
von ½ unbehandelten Zitrone, 125 g kalte Butter oder Margarine,
3 Eier, 1 Becher Crème fraîche, ca. 600 g geputztes und
evtl. geschnittenes Obst

Das Mehl mit 2 EL Zucker, Salz, Zitronenschale, klein geschnittenem Fett und 1 Ei auf die Arbeitsfläche häufen. Mit einem Messer durchhacken, dann rasch mit den Händen zu einem festen Mürbteig verkneten. Oder den Teig in der Küchenmaschine zubereiten. Im Kühlschrank 1 Stunde ruhen lassen.

Die Förmchen gut mit Fett auspinseln. Den Teig auf wenig Mehl 3–4 mm dick ausrollen und die Förmchen damit auslegen. Das Obst (Johannisbeeren, Brombeeren, Nektarinenspalten, Aprikosenhälften, entsteinte Sauerkirschen, nach Belieben sortenrein oder bunt gemischt) auf dem Teig verteilen.

Die Crème fraîche mit dem restlichen Zucker und den Eiern gut verquirlen. Über dem Obst verteilen. Die Mini-Tartes im vorgeheizten Backofen bei 200 °C ca. 30 Minuten backen. Am besten schmecken die kleinen Küchlein frisch, gut verpackt halten sie sich im Kühlschrank aber auch 3–4 Tage.

Zum Verschenken die Tartelettes auf ein Tablett oder eine schlichte Porzellanplatte setzen. Eventuell noch einen Tortenheber dazu mit einpacken.

Cassis-Likör

ca. 1 l | Zubereitungszeit: 40 Minuten | Ruhezeit: 2–3 Tage

500 g Schwarze Johannisbeeren, einige Johannisbeerblätter,
⅜ l trockener Rotwein, 250 g Zucker, 175 ml Alkohol
(80 %, aus der Apotheke), evtl. je 5 Nelken und Pimentkörner

Die Johannisbeeren waschen, abtropfen lassen und von den Stielen zupfen. In eine Schüssel füllen und mit einer Gabel leicht zerdrücken. Einige Johannisbeerblätter zufügen, mit dem Rotwein übergießen. Abdecken und 2–3 Tage an einem kühlen Ort durchziehen lassen.

Anschließend alles aufkochen, durch ein Spitzsieb oder ein mit Mull ausgelegtes normales Sieb in eine Schüssel abgießen. Den Saft mit dem Zucker nochmals aufkochen. Ein wenig abkühlen lassen, dann den Alkohol unterrühren. In heiß ausgespülte Flaschen füllen, verschließen und abkühlen lassen. Kühl und dunkel aufbewahrt hält sich der Likör einige Monate.

Der Likör kann zusätzlich noch gewürzt werden. Dafür je 5 Nelken und Pimentkörner zu den zerdrückten Johannisbeeren geben und mit durchziehen lassen.

Cassis-Likör ist die klassische Zutat für einen Kir Royal: Einen kleinen Schuss davon mit eisgekühltem Schaumwein auffüllen. Zusammen mit einer Flasche Champagner ist der Likör ein luxuriöses Geschenk.

Cassislikör

Was immer gut ankommt

Nudelblätter mit Kräutern

ca. 4 Portionen | Zubereitungszeit: 50 Minuten | Ruhezeit: 1 Stunde | Trockenzeit: ca. 4 Stunden

300 g Weizenmehl (Type 405 oder doppelgriffiges), 3 Eier,
1 EL Olivenöl, ½ TL Salz, 1–2 TL Wasser, Hartweizengrieß zum
Ausrollen, einige Stängel Blattpetersilie oder Kerbel

Das Mehl auf die Arbeitsfläche häufen, in eine Vertiefung in der Mitte die Eier schlagen. Öl und Salz zufügen. Von der Mitte her mit einer Gabel verquirlen, dabei immer mehr Mehl vom Rand einarbeiten. Dann mit den Händen kneten. Sollte der Teig zu bröselig sein, etwas Wasser unterkneten. Mindestens 5 Minuten kräftig kneten, bis er elastisch ist. Zur Kugel formen, in Frischhaltefolie wickeln und 1 Stunde ruhen lassen.

Den Teig anschließend portionsweise auf wenig Grieß möglichst dünn ausrollen, mit den abgezupften Kräuterblättern belegen. Eine zweite dünne Teigplatte darauflegen, mehrmals fest mit dem Nudelholz darüberrollen, damit die Blätter in den Teig eingearbeitet werden.

Die Teigplatte mit einem glatten Teigrädchen in gleichmäßige Rechtecke schneiden, auf eine mit Grieß bestreute Fläche legen und einige Stunden trocknen lassen. Die vollkommen trockenen Blätter stapelweise in Folie verpacken. Haltbarkeit: 2–3 Wochen.

Wer eine Nudelmaschine besitzt, kann den Teig auch portionsweise bis zur feinen Einstellung durch die Walzen drehen. Dann die Blätter mit Kräutern belegen, zusammenklappen, nochmals durch die zweitfeinste Walzenstellung drehen und eventuell zurechtschneiden.

Die abgeschnittenen Teigreste kann man in feine Streifen schneiden und frisch oder getrocknet als Einlage für eine klare Brühe verwenden.

Tomatensuppe

3 Gläser à 0,75 l | Zubereitungszeit: 50 Minuten

2 kg sehr reife Tomaten, 200 g Bleich- oder Knollensellerie,
2 Zwiebeln, 4 Knoblauchzehen, 4 EL Olivenöl, 1 Zweig Rosmarin,
einige Stängel Thymian und Oregano, Salz, Pfeffer aus der Mühle,
1 l Gemüsebrühe, Zucker

Die Tomaten waschen, je nach Größe halbieren oder vierteln. Bleichsellerie waschen, Knollensellerie schälen und in Scheibchen schneiden. Zwiebeln und Knoblauch schälen und fein hacken.

Das Öl in einem großen Topf erhitzen. Zwiebeln und Knoblauch glasig anschwitzen, den Sellerie zufügen und mitschmoren. Die Tomaten in den Topf geben, die Gewürze zufügen, leicht mit Salz und Pfeffer würzen. Mit der Gemüsebrühe auffüllen. Erhitzen und 30 Minuten leise köcheln lassen.

Die Suppe pürieren (mit dem Pürierstab oder portionsweise im Mixer) und durch ein Sieb streichen, damit Schalenstücke und Gewürzstängel zurückbleiben. Nochmals aufkochen lassen und mit Salz, Pfeffer und etwas Zucker kräftig abschmecken. In die heiß ausgespülten Gläser füllen. Kühl aufbewahrt hält sich die Tomatensuppe bis zu einer Woche. Wenn die Gläser zusätzlich 25 Minuten sterilisiert werden (siehe Seite 8 f.), ist die Suppe mehrere Monate haltbar.

Verschenken Sie die Tomatensuppe mit einem Topf frischem Basilikum und eventuell mit einer kleinen Suppenkelle.

Eingelegte Cornichons

3 Gläser à ca. 600 ml | Zubereitungszeit: 30 Minuten | Marinierzeit: ca. 12 Stunden

1 kg möglichst kleine Gürkchen, 200 g Salz, einige
Dillblütendolden, 4 geh. EL Gurkengewürz, ¾ l Weinessig

Die Gurken gründlich waschen. In einer Schüssel mit dem Salz vermischen und über Nacht durchziehen lassen. Die Gürkchen werden dadurch weich und biegsam.

Am nächsten Tag die Flüssigkeit abgießen, die Gurken im Sieb mit kaltem Wasser kurz abspülen. Anschließend auf ein sauberes Küchentuch schütten, mit einem zweiten Tuch abdecken und vorsichtig trocken rubbeln.

Die Gurken in heiß ausgespülte Gläser schichten, dabei den Dill und das Gurkengewürz dazwischenstreuen. Mit dem Essig begießen, sodass alles gut bedeckt ist.

Die Gläser verschließen und die Cornichons mindestens 14 Tage durchziehen lassen. Kühl und möglichst lichtgeschützt aufbewahrt, sind sie mehrere Monate haltbar.

Knoblauchfans können zwischen die Gurken auch einige geschälte Knoblauchzehen schichten. Wer es schärfer mag, gibt eine in feine Ringe geschnittene frische Chilischote dazu.

Mixed Pickles

4 Gläser à 350 ml | Zubereitungszeit: 50 Minuten

400 g möglichst kleine Gurken oder 1 große Salatgurke,
400 g Möhren, 300 g Stangensellerie, 2 rote Paprikaschoten (ca. 350 g),
6 Schalotten, 750 ml Wasser, 250 ml Essig, 3 EL Koriander,
1 EL Pfefferkörner, 200 g Kandiszucker, 1 geh. TL Salz

Das Gemüse waschen und putzen, die Möhren schälen. Alles in fingerdicke 3 cm lange Stücke schneiden. Die Schalotten schälen und je nach Größe vierteln oder achteln.

Wasser, Essig, Gewürze, Kandiszucker und Salz zum Kochen bringen. Das Gemüse hineingeben, 2–3 Minuten sprudelnd kochen lassen. Vom Herd nehmen, das Gemüse im Sud abkühlen lassen.

Anschließend mit einem Schaumlöffel herausheben und gleichmäßig in heiß ausgespülte Gläser verteilen. Den Sud noch einmal aufkochen und über das Gemüse gießen. Es muss alles vollkommen mit Flüssigkeit bedeckt sein. Die Gläser verschließen und abkühlen lassen. Die Pickles halten sich im Kühlschrank 5–6 Monate.

Zitronengras-Ingwer-Pickles

Noch pikanter schmecken die Pickles, wenn Sie zusätzlich einen Stängel frisches Zitronengras (in Stücke geschnitten) und mehrere Scheiben frischen Ingwer (ca. 50 g) schon zum Kochen mit in den Sud geben und dann auch in die Gläser verteilen.

Johannisbeer-Essig

ca. 900 ml Essig | Zubereitungszeit: 20 Minuten | Ruhezeit: mind. 2 Wochen

½ unbehandelte Zitrone, 1 EL Kandiszucker,
650 ml milder Weinessig, 500 g Rote Johannisbeeren

Die Zitrone mit dem Sparschäler dünn abschälen. Schale, Zucker und Essig in einem Topf erhitzen und 5 Minuten sprudelnd kochen lassen.

Die Beeren waschen und von den Rispen zupfen. Im Mixer oder mit dem Pürierstab grob zerkleinern. In ein großes Schraubglas füllen und mit dem heißen Essig übergießen. Gut durchmischen, mit dem Deckel verschließen und an einem sonnigen Platz mindestens 2 Wochen durchziehen lassen.

Den Essig durch ein Spitzsieb oder ein Sieb, das mit einem Mulltuch ausgelegt ist, abgießen. In heiß ausgespülte Flaschen füllen und gut verschließen. Nach einiger Zeit setzen sich die trüben Bestandteile wieder ab. Um einen klaren Essig zu erhalten, eventuell nochmals vorsichtig in andere Flaschen umfüllen, ohne das Depot aufzuschütteln. Lichtgeschützt, in eine dunkle Flasche abgefüllt, hält sich der Essig mehrere Monate.

Auf diese Weise lässt sich auch ein Erdbeer-, Himbeer- oder Brombeeressig herstellen. Verwenden Sie einen milden ungewürzten Essig, damit das Beerenaroma gut zur Geltung kommt.

Pfirsich-Nektarinen-Konfitüre mit Campari

5 Gläser à 250 ml | Zubereitungszeit: 40 Minuten | Ruhezeit: ca. 12 Stunden

je 500 g reife Pfirsiche und Nektarinen, 500 g Gelierzucker 2:1,
40 ml Campari, Campari oder Aprikosenschnaps zum Beträufeln

Die Früchte waschen, halbieren und entsteinen. Das Fruchtfleisch in daumennagelgroße Würfel schneiden. In einem Topf mit dem Zucker überschütten, mehrere Stunden, besser noch über Nacht Saft ziehen lassen.

Die Fruchtmasse unter Rühren erhitzen, 3–4 Minuten sprudelnd kochen lassen. Vom Herd nehmen und den Campari einrühren. Eventuell entstandenen Schaum abschöpfen.

Die Konfitüre in heiß ausgespülte Gläser füllen, die Oberfläche mit Campari oder Schnaps beträufeln. Die Gläser verschließen, kopfüber auf die Arbeitsfläche stellen und abkühlen lassen. Die Konfitüre hält sich mehrere Monate.

Für eine würzige Variante zum Schluss ½ TL grob zerstoßenen schwarzen Pfeffer und 2 EL in Streifen geschnittenes Basilikum unterrühren.

Den Schaum beim Konfitürekochen abschöpfen und in einem Schälchen aufbewahren. Schmeckt gut zu Quark oder Joghurt.

Tomatenkonfitüre mit Rosmarin

4 Gläser à 250 ml | Zubereitungszeit: 40 Minuten | Ruhezeit: ca. 12 Stunden

1,3 kg aromatische Tomaten (z. B. die Sorte Campari),
400 g Gelierzucker 2:1, Saft von ½ Zitrone, 2 EL frische Rosmarinnadeln, Wodka oder Korn zum Beträufeln

Die Tomaten an der Oberseite kreuzweise einritzen. Portionsweise in kochendes Wasser geben, einmal aufkochen lassen, mit einem Schaumlöffel herausheben und sofort kalt abschrecken.

Die Tomaten häuten, vierteln, den Stielansatz entfernen, die Kerne herausdrücken. Das pure Tomatenfleisch grob hacken, mit Zucker, Zitronensaft und Rosmarin in einen Topf füllen und abgedeckt mehrere Stunden, am besten über Nacht, Saft ziehen lassen.

Die Tomatenmasse erhitzen, dabei immer wieder umrühren, damit nichts am Topfboden ansetzt. Die Konfitüre 5–6 Minuten sprudelnd kochen lassen. In heiß ausgespülte Gläser füllen, mit dem Alkohol beträufeln und verschließen. Die Gläser kopfüber gestellt abkühlen lassen. Die Tomatenkonfitüre ist kühl und dunkel aufbewahrt mehrere Monate haltbar.

Statt Rosmarin kann man auch andere Sommerkräuter verwenden. Thymian z. B. kann mitgekocht werden, Basilikumblättchen sollte man, in feine Streifen geschnitten, erst zum Schluss unterrühren. Für mehr Schärfe ein Stück Chilischote mitköcheln lassen, am besten in ein Tee-Ei gefüllt, dann kann man es vor dem Abfüllen ganz leicht wieder entfernen.

Die Konfitüre schmeckt nicht nur auf dem Frühstücksbrötchen, sondern auch zu Käse, vor allem zu Frischkäse von Ziege oder Schaf.

RHABARBER INGWER

Rhabarber-Konfitüre mit Ingwer

6 Gläser à 250 ml | Zubereitungszeit: 50 Minuten | Ruhezeit: ca. 12 Stunden

1 kg Rhabarber, 75 g frischer Ingwer, 500 g Gelierzucker 2:1,
Gin oder Wodka zum Beträufeln

Den Rhabarber schälen und in fingerdicke Scheiben schneiden. Den Ingwer ebenfalls schälen, möglichst fein würfeln. Beides in einen großen Topf füllen und mit dem Zucker überschütten. Abgedeckt mehrere Stunden, besser noch über Nacht zum Saftziehen stehen lassen.

Die Fruchtmasse zum Kochen bringen, dabei immer wieder umrühren, damit nichts am Topfboden ansetzt. Die Konfitüre 5–8 Minuten sprudelnd kochen lassen. Die Gelierprobe machen: Einen Tropfen Konfitüre auf einen Teller geben. Wenn der Tropfen beim Schräghalten des Tellers nicht verläuft, hat die Konfitüre die richtige Konsistenz.

In heiß ausgespülte Gläser füllen und die Oberfläche mit etwas Alkohol beträufeln. Gläser verschließen und kopfüber gestellt abkühlen lassen. Die Rhabarberkonfitüre ist mehrere Monate haltbar.

Der Ingwer kann auch weggelassen oder durch ein anderes Gewürz ersetzt werden, z. B. ein wenig Zimt oder einige rosa Pfefferkörnchen. Mit Himbeer-Rhabarber (rote Sorte) wird die Konfitüre besonders fruchtig.

Glückskekse

ca. 10 Glückskekse | Zubereitungszeit: 40 Minuten

2 geh. EL Mehl, 1 gestr. EL Speisestärke, 3 EL Puderzucker,
1 Prise Salz, 50 g weiche Butter oder Margarine, 2 EL Sonnen-
blumen- oder Rapsöl, 1 Eiweiß, 2 EL kaltes Wasser,
10 kleine Zettel mit einem Glücksspruch

Mehl, Speisestärke, Puderzucker und Salz in einer Schüssel vermischen. In einem Schälchen Fett, Öl, Eiweiß und Wasser gründlich verquirlen. Zu den anderen Zutaten geben und mit einem kleinen Schneebesen zu einem glatten Teig verrühren.

Den Backofen auf 150 °C vorheizen. Ein Backblech mit Backpapier belegen. Jeweils 1 TL des Teiges möglichst dünn zu einem Kreis mit ca. 8 cm Durchmesser ausstreichen. Immer nur 2–3 Kreise aufs Blech streichen. In 8–10 Minuten goldgelb backen.

Das Blech aus dem Ofen nehmen und sofort einen zusammengefalteten Zettel auf eine Kreishälfte legen, die andere Hälfte darüberklappen, schnell vom Blech lösen und über der Tischkante oder einem Tassenrand zu einem kleinen Hörnchen formen. In einen Eierbecher oder ein Schnapsglas legen, dann bleibt das Hörnchen in Form. Falls die Teigkreise schon zu fest und nicht mehr formbar sind, das Blech wieder in den Ofen schieben und den Teig noch mal erwärmen. Die Kekse vollkommen auskühlen lassen. Luftdicht verpackt sind sie 2–3 Wochen haltbar.

Die Glückskekse in ein Lackschälchen oder eine Lackschachtel verpacken und eventuell mit einer kleinen Tüte grünem Tee oder Jasmintee verschenken.

Holunderbeer-Sirup

ca. 1,5 l | Zubereitungszeit: 50 Minuten

1 kg frische Holunderbeeren, 1 Zimtstange, einige Nelken und
Pimentkörner, 2–3 Sternanis, evtl. schwarzer Johannisbeersaft,
500 g Zucker, 1 unbehandelte Zitrone

Die Holunderbeeren waschen, mitsamt den Stielen in einen Topf geben. Die Gewürze zufügen, knapp mit Wasser bedecken, erhitzen und 15 Minuten leise köcheln lassen. In ein möglichst feines Sieb schütten und den Saft auffangen.

Die Saftmenge abmessen, es sollte ca. 1 l sein. Falls die Ausbeute zu gering ist, die fehlende Menge mit schwarzem Johannisbeersaft auffüllen. Mit dem Zucker in einen Topf geben, die Zitrone in Viertel schneiden, zufügen und alles nochmals 5 Minuten sprudelnd kochen lassen. Die Zitronenstücke entfernen.

Den Sirup in heiß ausgespülte Flaschen füllen und abkühlen lassen. Im Kühlschrank hält sich der Holunderbeer-Sirup 2–3 Wochen. Wird er zusätzlich noch sterilisiert (siehe Seite 8 f.), ist er mehrere Monate haltbar.

Mit Mineralwasser verdünnt ist der Holunderbeer-Sirup ein sehr aromatisches Erfrischungsgetränk. Ein Schuss Sirup, mit Sekt oder Prosecco aufgegossen, schmeckt als Aperitif.

Register

Impressum

Mit 71 Farbfotos von Anne Rogge, Düsseldorf

Umschlaggestaltung von solutioncube GmbH, Reutlingen
unter Verwendung eines Fotos von Anne Rogge

Unser gesamtes lieferbares Programm und viele
weitere Informationen zu unseren Büchern,
Spielen, Experimentierkästen, DVDs, Autoren und
Aktivitäten finden Sie unter **www.kosmos.de**

Gedruckt auf chlorfrei gebleichtem Papier

© 2010, Franckh-Kosmos Verlags-GmbH & Co. KG, Stuttgart
Alle Rechte vorbehalten
ISBN 978-3-440-12335-5
Fotos und Styling: Anne Rogge, Düsseldorf
Projektleitung: Dr. Eva Eckstein
Layout und Satz: solutioncube GmbH, Reutlingen
Produktion: Eva Schmidt
Printed in Germany / Imprimé en Allemagne

FSC
Mix
Produktgruppe aus vorbildlich
bewirtschafteten Wäldern,
kontrollierten Herkünften und
Recyclingholz oder -fasern
Product group from well-managed
forests, controlled sources and
recycled wood or fibre
Zert.-Nr. SGS-COC-004238
www.fsc.org
© 1996 Forest Stewardship Council

Genuss pur.
Neue und raffinierte Rezepte.

Regine Stroner | **Selbst gemacht & mitgebracht**
128 S., 59 Fotos, €/D 14,95
ISBN 978-3-440-12130-6

Gerd Käfer | **Carpaccio**
160 S., 85 Fotos, €/D 16,95
ISBN 978-3-440-11745-3

Einfach köstlich

Ob raffinierte Marmeladen, würzige Chutneys,
knusprige Plätzchen, feine Pralinen oder aromatische Gewürzmischungen: Süßes und Pikantes aus
der eigenen Küche schmecken unvergleichlich gut.
Und liebevoll verpackt sind die hausgemachten
Köstlichkeiten aus den besten Zutaten der Saison
auch begehrte und sehr persönliche Geschenke.

Scheibchenweise Trendgerichte

Hauchdünne Scheiben von rohem Rinderfilet mit
Parmesan – Giuseppe Cipriani kreierte das erste
Carpaccio 1950 in Venedig. Heute werden in der Fein-
schnitt-Technik aus allen erdenklichen Produkten köst-
liche und dekorative Gerichte auf den Teller gezaubert.
Gerd Käfer hat seine besten Rezepte, von einfach bis
luxuriös, ausgewählt und mit vielen Profitipps für die
Zubereitung, das Anrichten und Dekorieren ergänzt.